Veggie Power!

POWER VEGGIE FOOD

by Evelina

ÜBER **60** VEGETARISCHE REZEPTE FÜR BOWLS, BARS, BITES & MORE

DEIN HIGH PROTEIN KICK IN MAXIMAL 30 MINUTEN

EMF

EIN BUCH DER EDITION MICHAEL FISCHER

INHALT

BASICS

REZEPTE

Power Food for you!

VORWORT

Seit ich klein bin, ist Sport ein großer Bestandteil meines Lebens. Ich habe viel Leistungssport betrieben und habe mit 18, nachdem ich mein Abitur gemacht habe, eine Alternative zum zeitintensiven Leistungssport gesucht, wo ich nicht von Zeiten oder anderen Menschen abhängig bin. So bin ich zum Krafttraining im Fitnessstudio gekommen.

Zur gleichen Zeit habe ich meinen jetzigen Mann kennengelernt. Er hatte sich schon länger mit dem Thema befasst und entsprechend trainiert, und ich war fasziniert davon, dass es wie ein Bestandteil seines Alltags war. Ich habe damit angefangen, mich mit Training und Ernährung auseinanderzusetzen und habe alles umgekrempelt. Zu der Zeit hatte ich eine schwere Phase und diese Struktur hat mir Halt gegeben.

Parallel startete ich damit, meinen Erfolg und Fortschritt auf Social Media zu teilen, um anderen Menschen, und vor allem Frauen, zu einem gesünderen Lifestyle zu verhelfen. Ich hätte niemals damit gerechnet, dass ich irgendwann mal so eine große und tolle Community haben würde.

Bis heute bekomme ich viele Nachrichten von verzweifelten und ahnungslosen Follower*innen, die mich um Hilfe und Unterstützung bei ihrer Umsetzung eines gesünderen, sportlicheren und besseren Lifestyles bitten. Das Problem dabei ist oft, dass sie nicht wissen, wie sie sich ernähren sollen, und im Internet viele verschiedene Möglichkeiten und Varianten aufgezeigt werden. Das ist, als würdest du vor einem Regal mit Shampoos stehen – du hast so viel Auswahl, dass du schlichtweg überfordert bist, was du wählen sollst und was das Beste für dich ist.

Ich möchte mit diesem Rezeptbuch denen eine Hilfe geben, die nicht auf leckeres Essen verzichten möchten, aber sich dennoch bewusst und gesund ernähren möchten.

Eine gesunde und ausgewogene Ernährung heißt nicht Verzicht – ein Sportler oder eine Sportlerin ernährt sich nicht nur von Salat oder Reis, Hühnchen und Brokkoli.

Gesunde Ernährung ist ein wesentlicher Bestandteil einer gesunden Lebensweise und ich möchte, dass mehr Menschen da draußen sich bewusst machen, dass diese Ernährung ihrem Körper viel mehr Positives bringt. Wir müssen das Leben, das Essen und den Sport genießen, denn am Ende machen wir das alles, weil wir uns und unseren Körper lieben.

BA SI CS

01 KALORIEN

WAS SIND EIGENTLICH KALORIEN?

Kalorien sind eine physikalische Einheit für Energie, Wärmemenge und Arbeit. Kalorien sind der Treibstoff unseres Körpers, man nennt sie auch Brennwert. Der Körper bezieht Kalorien hauptsächlich aus den Makronährstoffen Kohlenhydrate, Proteine und Fette.

Der Kalorienverbrauch ist sehr individuell und variiert von Mensch zu Mensch. Er ist abhängig von verschiedenen Faktoren, wie Alter, Geschlecht, Größe, Gewicht und Aktivität.

Neben den Aktivkalorien, die der Körper verbraucht, wenn man sich körperlich bewegt, gibt es einen Grundumsatz – das ist eine bestimmte Anzahl an Kalorien, welche der Körper im Schlaf und Ruhezustand verbraucht, um die Körperfunktionen aufrechtzuerhalten.

Um Muskeln aufzubauen oder abzunehmen, spielen Kalorien eine wichtige Rolle. Um abzunehmen, solltest du mehr Kalorien verbrauchen, als du zuführst. Und um zuzunehmen, solltest du mehr Kalorien zu dir nehmen, als dein Körper verbraucht. Grundsätzlich solltest du aber nie weniger Kalorien einnehmen als dein Grundumsatz umfasst. Um diesen zu berechnen, kann man viele verschiedene Formeln aus dem Internet verwenden, die aber immer nur ungefähr eine Einschätzung geben können, denn auch die bereits vorhandene Muskelmasse hat einen Einfluss auf den Grundumsatz. Menschen mit einer höheren Muskelmasse verbrennen im Ruhezustand mehr Kalorien als Menschen mit weniger Muskeln.

Um deinen Gesamtkalorienverbrauch zu bestimmen, musst du zu deinem Grundumsatz deinen Aktivumsatz addieren. Dieser Aktivumsatz kann von Tag zu Tag variieren, je nachdem wie viel du dich bewegst. Dahingegen bleibt der Grundumsatz immer grob derselbe.

02 PROTEIN

WAS SIND PROTEINE?

Proteine sind Baustoffe unseres Körpers, vor allem unserer Muskeln. Protein ist nicht nur eine einzige Substanz, sondern besteht aus verschiedenen Proteinen, den Aminosäuren, welche alle verschiedene Funktionen und Auswirkungen im und auf den Körper haben.

Unser Körper benötigt insgesamt 20 eiweißbildende Aminosäuren, 9 von ihnen kann unser Körper nicht selber herstellen. Diese nennen wir die essenziellen Aminosäuren oder auch kurz aus dem Englischen EAAS.

Diese essenziellen Aminosäuren müssen wir über die Nahrung oder über Nahrungsergänzungsmittel aufnehmen.

WIE VIEL EIWEISS SOLLTE EIN GESUNDER MENSCH ZU SICH NEHMEN? UND BENÖTIGEN SPORTLER*INNEN MEHR EIWEISS?

Wie viel Eiweiß genau ein Mensch zu sich nehmen soll, ist von vielen Faktoren abhängig und sehr individuell. Grundsätzlich sagt man, dass eine gewöhnliche Ernährung in etwa 15 % Eiweiß enthalten sollte.

Sportlich aktive Menschen haben einen höheren Eiweißbedarf als inaktive Menschen und sollten in etwa 1,5 g Eiweiß pro Kilogramm Körpergewicht zu sich nehmen. Bei einer Frau die z. B. 75 kg wiegt, wären das 112,5 g pro Tag.

Im Gegensatz zu Kohlenhydraten und Fetten wird Eiweiß nicht im Körper gespeichert, sondern verwertet, und überschüssiges Eiweiß wird abgebaut. Wenn wir aber nun in eine Hungersituation kommen, weil wir z. B. eine Diät machen, welche viel zu wenig Energie liefert, und wir uns auch kaum Eiweiße zuführen, dann fängt der Körper als erstes an, Muskelmasse abzubauen, um neue Aminosäuren freizusetzen.

WAS SIND GUTE PROTEINREICHE LEBENSMITTEL?

Abgesehen von den tierischen Proteinen, die wir aus Eiern, Fleisch und Milchprodukten zu uns nehmen können, gibt es etliche pflanzliche proteinreiche Lebensmittel, wie z. B. Hülsenfrüchte, verschiedene Gemüsesorten, Tempeh und Tofu, aus Sonnenblumenkernen gewonnene proteinhaltige Lebensmittel und vieles mehr.

WIESO SOLLTEN WIR UNS PROTEINREICH ERNÄHREN?

Abgesehen davon, dass, wie schon beschrieben, Proteine die Bausteine unserer Muskulatur sind, halten uns diese lange satt und helfen uns, unsere körperlichen Fitnessziele zu erreichen.

03

KOHLEN-HYDRATE

WAS SIND KOHLENHYDRATE EIGENTLICH?

Kohlenhydrate sind leider sehr in Verruf geraten und gelten als ungesunde Dickmacher. Sie sind organische Verbindungen aus Kohlenstoff, Wasserstoff und Sauerstoff. Aufgeteilt werden Kohlenhydrate nach ihrem Molekülaufbau: Monosaccharide (Einfachzucker), Disaccharide (Doppel- bzw. Zweifachzucker) und Polysaccharide (Viel- bzw. Mehrfachzucker).

Kohlenhydrate sind der Hauptenergielieferant in unserer Nahrung. 1g Kohlenhydrate entspricht dabei genauso wie 1g Proteine etwa 4 kcal. Kohlenhydrate werden aber im Gegensatz zu Eiweißen im Körper gespeichert, sofern die Energie nicht sofort benötigt wird. Diese Kohlenhydrate werden in Speicherzucker oder auch Fett umgewandelt. Deswegen sind Kohlenhydrate auch so verrufen, sollten aber niemals vollkommen aus der Ernährung gestrichen werden! Denn Menschen, die viel Energie benötigen, müssen und sollen Kohlenhydrate konsumieren. Es muss alles in einem Gleichgewicht bleiben.

WAS IST DER UNTERSCHIED ZWISCHEN EINFACH- UND MEHRFACHZUCKER?

Einfachzucker ist Glukose und Fructose, eine Zutat, die ihr vielleicht schon häufiger auf Fertiglebensmitteln in der Zutatenliste gelesen habt. Haushalts- und Milchzucker gehören zur Kategorie Zweifachzucker. In Süßigkeiten ist meistens Einfach- und Zweifachzucker enthalten.

Mehrfachzucker ist Stärke und vor allem in Getreideprodukten, aber auch in Kartoffeln und Hülsenfrüchten enthalten. Am Ende wird alles im Körper zu Einfachzucker gespalten. Bei Mehrfachzucker dauert dies jedoch länger und somit steigt der Blutzuckerspiegel langsamer an – deswegen wird oft von den „besseren" Kohlenhydraten gesprochen.

Süßigkeiten lassen den Blutzuckerspiegel hingegen schnell ansteigen – genauso schnell fällt dieser dann aber auch wieder ab, da Einfach- und Zweifachzucker vom Körper schnell abgebaut wird. Das kann zu Heißhungerattacken führen.

Allerdings ist eine bestimmte Blutzuckerkonzentration im Körper lebensnotwendig und darf nicht unterschritten werden. Wenn diese unterschritten wird, kann das zu Unterzuckerung führen.

Somit sind Polysaccharide bessere Energielieferanten, wie z. B. Vollkornprodukte oder Kartoffeln, die neben den komplexen Kohlenhydraten auch wichtige Vitamine, sekundäre Pflanzenstoffe und Ballaststoffe enthalten.

04 FETTE

Fett ist neben den Kohlenhydraten und Proteinen der dritte wichtigste Nährstoff. Es enthält lebensnotwendige Fettsäuren, welche unser Körper braucht, um z. B. Zellwände und Hormone aufzubauen. Fett versorgt uns außerdem mit Energie und stabilisiert unseren Blutzuckerspiegel.

Im Gegensatz zu Eiweißen und Kohlenhydraten entspricht 1 g Fett ganzen 9 kcal. Fette haben also eine mehr als doppelt so hohe Energiedichte und sollten nicht in grenzenlosem Übermaß konsumiert werden. Hierbei ist es wieder wichtig, zwischen den verschiedenen Fetten zu unterscheiden. Sie lassen sich in drei Gruppen aufteilen: gesättigte, ungesättigte und mehrfach ungesättigte Fettsäuren.

Gesättigte Fettsäuren sind in großen Mengen ungesund und sogar gesundheitsschädlich. Sie können den Cholesterinspiegel erhöhen und zu Blutgefäßverengungen führen, wodurch Herz-Kreislauf-Erkrankungen entstehen. Gesättigte Fettsäuren kommen vor allem in tierischen Produkten wie Fleisch oder fetthaltigen Milchprodukten wie Butter, Sahne und Käse vor. Deswegen sollten solche Lebensmittel nur in Maßen konsumiert werden. Konzentrieren wir uns aber lieber auf die positiven Eigenschaften der einfach und mehrfach ungesättigten Fettsäuren und schauen uns an, wieso diese nicht gänzlich aus der Ernährung gestrichen werden sollten.

Ungesättigte Fettsäuren sind z. B. in Nüssen und pflanzlichen Ölen enthalten. Im Gegensatz zu den gesättigten Fettsäuren verringern die ungesättigten den Cholesteringehalt im Blut und spielen eine wichtige Rolle in vielen Prozessen.

Die einfach ungesättigten Fettsäuren helfen unserem Körper außerdem, fettlösliche Vitamine wie Vitamin A, E, D und K aufzunehmen. Mehrfach ungesättigte Fettsäuren, welche in Pflanzenölen und Fisch zu finden sind, sind unerlässlich für viele Prozesse im Körper, dabei sollte man immer auf das Verhältnis von

Omega-6- und Omega-3-Fettsäuren achten. Empfohlen wird ein 5:1-Verhältnis von Omega-6 zu Omega-3, jedoch sollte Omega-6 nur in Maßen konsumiert werden. Ein guter Omega-3-Lieferant ist z. B. Leinsamenöl.

Eine weitere Kategorie von Fetten, die man – leider – oft genug in verarbeiteten Lebensmitteln findet, sind Transfette. Diese entstehen bei der industriellen Verarbeitung von Fetten und Ölen.

Wie viel Fett sollte ich denn nun zu mir nehmen? Grundsätzlich sind 50–80 g Fett pro Tag zu empfehlen, idealerweise zugeführt durch gute Lebensmittel, welche viele ungesättigte Fettsäuren enthalten.

05 MIKRO-NÄHR-STOFFE

Vitamine, Mineralien und Spurenelemente sind alles Mikronährstoffe, die neben den Makronährstoffen Proteinen, Kohlenhydraten und Fetten sehr wichtig für uns und unseren Körper sind, aber auch höchst komplex.

Während unsere Makronährstoffe eher als Bausteine und Energielieferanten fungieren, sorgen Mikronährstoffe für gute Abläufe in verschiedenen Stoffwechselprozessen, wie z. B. der Verdauung.

Zu den Mikronährstoffen zählen 6 Gruppen: Vitamine, Mineralien, Spurenelemente, sekundäre Pflanzenstoffe, Aminosäuren und essenzielle Fettsäuren.

Wenn wir die Vitamine betrachten, müssen wir grundsätzlich zwischen wasser- und fettlöslichen Vitaminen unterscheiden. Wie bei den Fetten schon angesprochen, gibt es Vitamine, wie z. B. das Vitamin D, welche nur mithilfe von Fetten verwertet werden können. Wasserlösliche Vitamine hingegen können nicht vom Körper gespeichert werden. Dazu gehören die meisten B-Vitamine und auch Vitamin C. Wasserlösliche Vitamine müssen dauerhaft mit der Nahrung aufgenommen oder zusätzlich supplementiert werden.

Mineralien und Spurenelemente sind vor allem für die Regulation des Wasserhaushalts verantwortlich und zuständig für verschiedene Stoffwechselprozesse.

Zu den wichtigsten Mineralstoffen gehören Zink, Eisen, Magnesium und Calcium.

06 ZUCKER-ERSATZ-STOFFE

Zuckerersatzstoffe wirst du häufiger in den Rezepten finden, hauptsächlich Erythrit.

Erythrit und Xylit sind Zuckeraustauschstoffe und werden aus Gemüse, Früchten und Holz gewonnen. Der Vorteil solcher Ersatzstoffe ist, dass diese weniger bis gar keine Kalorien enthalten und weniger Einfluss auf unseren Blutzuckerspiegel haben.

Grundsätzlich gibt es drei Möglichkeiten für Zuckerersatzstoffe: Süßstoffe (wie Stevia), Zuckeraustauschstoffe (wie Erythrit) und natürliche Zuckeralternativen (wie Honig oder Agavendicksaft).

Es gibt aber natürlich neben den Vorteilen von Zuckeraustauschstoffen auch einige Aspekte, die kritisch betrachtet werden sollten.

Zuckeraustauschstoffe wirken in hohen Mengen abführend, und wie genau Zuckerersatzstoffe sich langfristig auf unseren Körper auswirken, ist noch recht unerforscht. Deswegen gilt immer für alles, sowohl Ersatzstoffe wie auch Zucker: Die Menge macht das Gift!

Zuckerersatzstoffe wie Erythrit und Xylit haben auch ein natürliches Vorkommen, werden aber mit einem aufwendigen Verfahren in der Lebensmittelindustrie gewonnen und sind deswegen etwas teurer.

Im Großen und Ganzen können Zuckeraustauschstoffe sich positiv auf unser Essensverhalten und unsere Gesundheit auswirken, solange diese immer in Maßen konsumiert werden.

07 TRAINING

Zu einem gesunden und ausgewogenen Lebensstil gehören nicht nur eine gute Ernährung, sondern natürlich auch Sport und Bewegung. Durch Bewegung werden Prozesse im Körper beeinflusst: Muskeln werden durchblutet und mit Nährstoffen versorgt.

Dabei ist es nicht wichtig, was für einen Sport man macht oder dass man sich jeden Tag zwingt, ins Fitnessstudio zu gehen. Die Bewegung an sich ist das Wichtigste. Bereits 3 Tage die Woche, die mit Bewegung gefüllt werden, sind förderlich für unsere Gesundheit.

Neben den ganzen gesundheitlichen Vorteilen, die Sport mit sich bringt, trägt dieser auch zu einem verbesserten Körpergefühl bei und hat darüber hinaus auch eine positive Auswirkung auf unsere Psyche!

WIE KANN ICH EINE ROUTINE AUFBAUEN?

Oft scheitern die meisten Menschen daran, abzunehmen oder sich gesünder zu ernähren, weil sie es nicht langfristig schaffen, am Ball zu bleiben. Dann gibt es viele Ausreden, die Zeit oder die Motivation fehlt.

Vorab, um euch zu beruhigen: Kein*e Sportler *in ist so fit und erfolgreich, nur weil er*sie dauerhaft motiviert ist. Niemand ist immer super motiviert, sich an eine gesunde Ernährung und/oder eine Sportroutine zu halten. Hierbei spielen oft eher die Disziplin und Kontinuität eine wichtige Rolle.

Zum Glück gehören Sport und eine gesunde Ernährung bei vielen schon zu einer gewissen Routine dazu, genau wie Zähneputzen. Um euch den Einstieg in solch eine Routine zu erleichtern, habe ich euch meine liebsten Rezepte in einem Buch versammelt!

TIPPS

→ Fester Trainingsplan – dieser gibt Struktur und Sicherheit. Du weißt dann immer, wann du was trainieren sollst und wann du pausieren solltest. Denn Erholung und Belastung sollte immer in einem guten Verhältnis stehen.

→ Gesund einkaufen – wenn du gesund einkaufst, dann hast du keine Chance, auf ungesundes Essen zurückzugreifen.

→ Gesunde Alternativen – man hat immer die Möglichkeit, gesünder zu kochen und gesündere Süßigkeiten zu wählen, teste dich durch und finde etwas, was dir schmeckt.

→ Planung und Koordination – überlege dir, was du essen möchtest, und plane dein Essen vor. Vor allem wenn du einen straffen Zeitplan hast und viel am Arbeiten, Reisen o. Ä. bist. Meal Prep ist hier das A und O.

HINWEIS
Die Nährwertangaben der Rezepte verstehen sich immer für **1 Portion**, außer es steht etwas anderes dabei.

REZEPTE

Kapitel 1

SALATE, BOWLS & SUPPEN

Nährwerte

KALORIEN	KOHLENHYDRATE	FETT	PROTEIN
479	34,3 g	26 g	23,8 g

QUINOA FETA Salat

2 PORTIONEN

200 g Quinoa
1 Zwiebel
1 Salatgurke
4 Tomaten
1 rote Paprika
1 Bund Minze
2 EL Olivenöl
2 TL Agavensirup
Salz
180 g vegetarischer Feta (light)

ZUBEREITUNG

Die Quinoa nach Packungsanweisung zubereiten. Zwiebel schälen und fein würfeln. Gurke, Tomaten und Paprika waschen, putzen und in kleine Scheiben und Streifen schneiden. Die Minze waschen, trocken schütteln und fein hacken. Alles miteinander in einer Schüssel vermengen. Olivenöl, Agavensirup und 1 TL Salz in einem separaten Gefäß vermischen. Den Feta mit einer Gabel zerkleinern und beiseitestellen.

Quinoa zu dem Gemüse geben und mit dem Dressing toppen. Alles gut vermengen und auf einem Teller servieren. Zuletzt den Feta über dem Quinoa-Salat verteilen.

TIPP Koche die Quinoa nicht zu lange, damit sie bissfest bleibt und nicht matschig wird.

VEGAN

Für eine vegane Variante kannst du statt Feta den Quinoa-Salat mit Avocado toppen.

Nährwerte

KALORIEN	KOHLENHYDRATE	FETT	PROTEIN
455	67,8 g	9 g	23 g

REISNUDEL SALAT

2 PORTIONEN

Für den Salat

200 g Reisnudeln
2 Möhren
1 Salatgurke

Für das Dressing

2 EL Erdnussbutterpulver
3 EL Ketchup
2 EL Sojasauce (salzreduziert)
2 TL Agavensirup
1 Zitrone

Außerdem

160 g Tempeh
Öl zum Braten
2 EL Röstzwiebeln

ZUBEREITUNG

Die Reisnudeln nach Packungsanweisung zubereiten. Möhren und Gurke putzen, waschen, bei Bedarf schälen, in kleine längliche Streifen schneiden und in eine Schüssel geben. Reisnudeln abgießen und mit kaltem Wasser abschrecken (wichtig, damit diese nicht zusammenkleben) und zu dem geschnittenen Gemüse dazugeben.

Für die Sauce das Erdnussbutterpulver mit 2 EL Wasser in einer Schüssel gut verrühren. Ketchup, Sojasauce und Agavensirup dazugeben. Zitrone sorgfältig auspressen und den Saft hinzufügen. Alles gut vermengen und zu den Reisnudeln geben. Alles gut miteinander vermischen.

Den Tempeh in Streifen schneiden und in etwas Öl anbraten. Reisnudelsalat mit dem Tempeh und Röstzwiebeln garnieren und servieren.

VARIANTE Wer keine Erdnussbutter mag, kann das Gericht alternativ auch mit braunem Mandelmus und etwas Salz zubereiten. Genauso kann das Tempeh beispielsweise mit Tofu oder einer anderen Proteinquelle ersetzt werden.

Nährwerte

KALORIEN	KOHLENHYDRATE	FETT	PROTEIN
127	15 g	5,5 g	4,5 g

GREEN SALAD

2 PORTIONEN

½ Weißkohl (ca. 400 g)
1 Salatgurke
1 kleines Bund Schnittlauch
½ Bund Koriandergrün (alternativ Petersilie)
½ Bund Frühlingszwiebeln
1 Avocado
2 Limetten
Salz
2 Knoblauchzehen

ZUBEREITUNG

Weißkohl und Gurke waschen, putzen und klein schneiden. Schnittlauch, Koriandergrün und die Frühlingszwiebeln waschen, trocken schütteln und fein hacken. Alles zusammen in eine Schüssel geben.

Für das Dressing die Avocado halbieren, entkernen, mit einem Löffel aushöhlen und das Fruchtfleisch in einen Mixer geben. Die Limetten halbieren, auspressen und den Saft ebenfalls in den Mixer geben. Zusätzlich 100 ml Wasser, 1 TL Salz und das Koriandergrün hinzugeben. Knoblauch schälen und durch eine Presse in den Mixer drücken. Alles zusammen gut durchmixen.

Das Dressing über das geschnittene Gemüse geben und gründlich vermengen.

TIPP Du kannst eigentlich allerlei Gemüse dazugeben, natürlich am besten grünes, damit alles zum Thema Green Salad passt!

Nährwerte

KALORIEN	KOHLENHYDRATE	FETT	PROTEIN
770	**39 g**	**56 g**	**27 g**

ROTE-BETE QUINOA *Salat*

2 PORTIONEN

200 g Quinoa

1 Handvoll Feldsalat

200 g Rote Bete (vakuumiert oder aus dem Glas)

180 g vegetarischer Feta (light)

Für das Dressing

1 Zitrone

4 EL Olivenöl

Salz

2 TL Agavendicksaft

50 g Walnusskerne

ZUBEREITUNG

Die Quinoa in ausreichend Wasser in einem Topf oder dem Reiskocher garen. Den Feldsalat waschen, verlesen und klein zupfen. Rote Bete abtupfen und in kleine Würfel schneiden. Vorsicht: Die Rote Bete färbt stark ab, es empfiehlt sich also, Handschuhe zu tragen! Den Feta abtupfen und ebenfalls in Würfel schneiden. Wenn die Quinoa gar ist, mit dem Feldsalat, der Roten Bete und dem Feta vermengen.

Für das Dressing die Zitrone sorgfältig auspressen. Zusammen mit dem Olivenöl, 1 TL Salz und dem Agavendicksaft vermengen und über den Salat geben.

Die Walnusskerne in einer Pfanne ohne Fett anrösten und klein hacken. Anschließend den Salat auf Tellern servieren und mit den Walnusskernen garnieren.

Nährwerte

KALORIEN	KOHLENHYDRATE	FETT	PROTEIN
789	49 g	32 g	64 g

MEXICANA SALAT

2 PORTIONEN

200 g Sonnenblumen-Hackfleischalternative (alternativ Soja)

Salz, Pfeffer

150 g Mais (Dose oder Glas)

200 g bunte Kirschtomaten

1 Bund Frühlingszwiebeln

½ Bund Koriandergrün

1 Bund Schnittlauch

2 Avocados

2 Limetten

2 Knoblauchzehen

2 TL Agavendicksaft

150 g griechischer Joghurt (0,2 % Fett)

ZUBEREITUNG

Die vegane Hackfleischalternative mit kochendem Wasser übergießen und für 5 Minuten ziehen lassen, anschließend das Wasser abgießen. Die Hackfleischalternative mit etwas Salz und Pfeffer würzen und in einer Pfanne ohne Fettzugabe anbraten.

Den Mais abgießen und kurz abspülen. Tomaten waschen, putzen und fein würfeln. Frühlingszwiebeln, Koriander und Schnittlauch waschen, trocken schütteln und fein hacken, den Schnittlauch dabei zur Seite legen. Die Avocados halbieren, entkernen und ebenfalls in kleine Würfel schneiden.

Für das Dressing die Limetten halbieren und auspressen. Den Knoblauch schälen und fein hacken. Zusammen mit dem Limetten- und Agavendicksaft sowie 1 TL Salz mischen.

Das Gemüse mit der gebratenen Hackfleischalternative in einer Schüssel vermengen und mit dem Dressing übergießen. Für das Topping Joghurt und Schnittlauch vermengen, mit etwas Salz abschmecken und den Salat damit garnieren.

Nährwerte

KALORIEN	KOHLENHYDRATE	FETT	PROTEIN
511	**48 g**	**22 g**	**25 g**

KARTOFFEL TOFU *Bowl*

2 PORTIONEN

Für die Bowl

4 mittelgroße Kartoffeln (festkochend)

4 Knoblauchzehen

2 Möhren

1 Zucchini

200 g Tofu

2 EL Kokosöl

Salz

2 EL Olivenöl

1 TL getrockneter Romarin

Sriracha-Sauce (optional)

Für das Dressing

1 Zitrone

100 g griechischer Joghurt (0,2 % Fett)

1 Bund Schnittlauch

Salz

ZUBEREITUNG

Die Kartoffeln in einem Topf mit ausreichend Wasser für ca. 25 Minuten kochen, bis sie gar sind. Knoblauch schälen und fein hacken oder pressen. Möhren und Zucchini waschen, putzen und in feine Scheiben schneiden. Die Feuchtigkeit mit einem Küchentuch oder -papier aus dem Tofu pressen, abtrocknen und in breite Streifen schneiden.

Zucchini, Möhren und den Tofu in 2 EL Kokosöl und mit 1 Prise Salz in einer Pfanne anbraten. Die gekochten Kartoffeln abgießen, pellen und in Scheiben schneiden. Anschließend in einer Pfanne mit Öl, Knoblauch, Rosmarin und 1 Prise Salz anbraten.

Für das Dressing den Saft der Zitrone auspressen und mit dem Joghurt vermischen. Den Schnittlauch waschen, trocken schütteln, fein hacken und unter den Joghurt mischen. Den Dip mit ½ TL Salz abschmecken.

Auf einem tiefen Teller oder in einer Schüssel abwechselnd die Kartoffeln, Möhren, Zucchini und den Tofu in einem Kranz anrichten und mit dem Dressing beträufeln. Wer mag, fügt für etwas Schärfe noch Sriracha-Sauce hinzu.

Nährwerte

KALORIEN	KOHLENHYDRATE	FETT	PROTEIN
457	**50 g**	**18 g**	**18 g**

FALAFEL BOWL *orientalisch*

2 PORTIONEN

120 g Couscous
120 ml Gemüsebrühe
1 Stängel Minze
1 Stängel Koriandergrün
10 TK-Falafeln
100 g Rotkohl
Salz
2 TL Aceto balsamico bianco
1 EL Olivenöl
100 g Babyspinat
4 Tomaten
1 Salatgurke
1 Zitrone
150 g griechischer Joghurt (0,2 % Fett)

ZUBEREITUNG

Couscous mit kochender Gemüsebrühe aufgießen und für 3–5 Minuten ziehen lassen. Minze und Koriander waschen, trocken schütteln und fein hacken. Je ein Drittel davon unter den Couscous mischen.

Die Falafeln kurz in einer Pfanne ohne Fett anbraten.

Den Rotkohl putzen, waschen und fein hobeln. Mit 1 Prise Salz, Essig und Öl abschmecken und alles gut vermengen. Achtung: Der Rotkohl färbt ab, daher bietet es sich an, Handschuhe zu tragen!

Den Spinat, die Tomaten und die Gurke waschen. Den Spinat klein schneiden, die Tomaten würfeln, die Gurke in Scheiben schneiden. Ein weiteres Drittel des Korianders und der Minze darüberstreuen, die Zitrone sorgfältig auspressen und den Saft ebenfalls darübergeben. Zuletzt alles mit etwas Salz abschmecken.

Den Joghurt mit den restlichen Kräutern vermischen und ebenfalls mit Salz abschmecken.

Alles kreisförmig in einer Bowl anrichten und servieren.

Nährwerte (1 Topf)

KALORIEN	KOHLENHYDRATE	FETT	PROTEIN
513	**104 g**	**4 g**	**13 g**

KÜRBIS SUPPE

1 TOPF

1 großer Hokkaidokürbis (ca. 1 kg)

3 mittelgroße Kartoffeln (vorwiegend festkochend)

1 TL geriebene Muskatnuss

Salz

1 TL Chilipulver

ZUBEREITUNG

Den Backofen auf 150 °C (Ober-/Unterhitze) vorheizen. Den Kürbis halbieren, entkernen und in kleine Stücke schneiden. Für 30 Minuten im heißen Backofen (Mitte) garen, bis das Kürbisfleisch weich ist. Anschließend aus dem Ofen holen.

In der Zwischenzeit die Kartoffeln schälen und in einem Topf in ausreichend Salzwasser kochen, bis sie gar sind. Die Kartoffeln aus dem Wasser nehmen, das Kochwasser dabei nicht wegschütten. Kartoffeln in grobe Stücke schneiden und zusammen mit den Kürbisstücken und etwas Kochwasser mit einem Stand- oder Stabmixer pürieren.

Nach und nach so viel Kochwasser aufgießen und mixen, bis die Suppe die gewünschte Konsistenz erhält. Mit Muskat, 2 TL Salz und dem Chilipulver abschmecken. In Schüsseln füllen und servieren.

TIPP Schmeiße die Kürbiskerne nicht weg, du kannst sie noch nutzen. Lass sie trocknen und brate sie etwas an, dann kannst du deine nächste Kürbissuppe damit garnieren.

Nährwerte (1 Topf)

KALORIEN	KOHLENHYDRATE	FETT	PROTEIN
455	56 g	31 g	9 g

MÖHREN INGWER *Suppe*

1 TOPF

4 große Möhren
60 g frischer Ingwer
10 g Kokosöl
600 ml Gemüsebrühe
160 ml Kokosmilch (fettreduziert)
2 EL Erythrit (optional)
Salz

ZUBEREITUNG

Die Möhren schälen und in grobe Stücke schneiden.

Den Ingwer ebenfalls schälen und fein hacken. Beides mit etwas Kokosöl in einem Topf anrösten.

Mit der Brühe und der Kokosmilch ablöschen und bei mittlerer Hitze 10–15 Minuten köcheln lassen. Nach Belieben Erythrit hinzufügen. Mit einem Stabmixer fein pürieren und mit Salz abschmecken.

Nährwerte (1 Topf)

KALORIEN	KOHLENHYDRATE	FETT	PROTEIN
331	38 g	13 g	15 g

LINSEN KOKOS *Suppe*

1 TOPF

200 g Linsen
2 große Möhren
200 ml Kokosmilch (fettreduziert)
Salz
1 TL Chiliflocken
Kokosraspel (optional)

ZUBEREITUNG

Die Linsen in ausreichend Salzwasser für 10–15 Minuten kochen lassen. Die Möhren putzen, schälen und in einem separaten Topf in 10–15 Minuten ebenfalls gar kochen.

Anschließend beides in einem Mixer oder mit dem Stabmixer mixen. Das Linsen-Möhren-Mus mit der Kokosmilch aufgießen und mit 1 EL Salz und den Chiliflocken abschmecken. Das Ganze für weitere 5–10 Minuten köcheln lassen. Anschließend die Suppe in Schüsseln geben und nach Belieben mit Kokosraspeln garniert servieren.

Kapitel 2

POWER-FOOD FÜR ZWISCHEN-DURCH

Nährwerte (1 Stück)

KALORIEN	KOHLENHYDRATE	FETT	PROTEIN
342	39 g	22 g	8 g

SPEKULATIUS CUPCAKES

10 STÜCK

Für den Teig

50 g Apfelmus
275 g Kokos-Joghurtalternative
75 g Spekulatiuscreme (z. B. Lotus Biscoff)
60 g Erythrit
60 g Karamell-Proteinpulver
125 g glutenfreies Mehl
1 TL Backpulver
½ TL Natron

Für das Frosting

150 g Margarine
65 g Spekulatiuscreme
50 g Puder-Erythrit
30 g Karamell-Proteinpulver

Für die Füllung

50 g Spekulatiuscreme
50 g Ahornsirup
75 ml Mandeldrink

ZUBEREITUNG

Den Backofen auf 170 °C (Ober-/Unterhitze) vorheizen.

Apfelmus, Kokos-Joghurtalternative, Spekulatiuscreme und Erythrit in einer Schüssel vermischen, bis eine cremige Masse entsteht. Anschließend Proteinpulver, Mehl, Backpulver und Natron hinzufügen und alles zu einem glatten Teig verkneten. In 10 Portionen teilen und in eine mit Papierförmchen ausgekleidete Muffinform füllen. Die Cupcakes für 20 Minuten im heißen Backofen (Mitte) backen. Anschließend abkühlen lassen und vorsichtig etwa 3 cm tief aushöhlen, damit die Füllung Platz hat.

Für das Frosting die Margarine in 10 gleichmäßige Stücke teilen. Mit der Spekulatiuscreme zu einer cremigen Masse verrühren und anschließend das Puder-Erythrit sowie das Proteinpulver unterrühren.

Für die Füllung Spekulatiuscreme, Ahornsirup und Mandeldrink zu einer cremigen Masse vermengen.

Wenn die Cupcakes abgekühlt sind, mit der Creme befüllen und mit dem Frosting dekorieren.

VARIANTE

Statt Biscoff-Creme schmeckt auch Mandelmus wahnsinnig gut! Ebenso lässt sich das Proteinpulver durch eine vegane Alternative ersetzen.

Nährwerte (1 Cookie)

KALORIEN	KOHLENHYDRATE	FETT	PROTEIN
203	34 g	8,5 g	7 g

BLUEBERRY MUFFIN *Cookies*

10 COOKIES

Für den Teig

60 g Mandelmus
60 g Soja-Joghurtalternative
50 g Agavendicksaft
50 g Erythrit
2 TL Vanilleextrakt
55 g Vanille-Proteinpulver
75 g glutenfreies Mehl
½ TL Natron
30 g TK-Heidelbeeren
20 g getrocknete Heidelbeeren
70 g weiße Schokolade
75 g Heidelbeerkonfitüre

Für das Topping

30 g glutenfreies Mehl
50 g Erythrit
½ TL gemahlener Zimt
10 g Vanille-Proteinpulver
25 g kalte Butter

ZUBEREITUNG

Den Backofen auf 170 °C (Ober-/Unterhitze) vorheizen.

Das Mandelmus mit der Joghurtalternative, dem Agavendicksaft, Erythrit und dem Vanilleextrakt in einer Schüssel vermengen, bis eine cremige Masse entsteht. Das Proteinpulver, Mehl und Natron hinzufügen und alles zu einem glatten Teig verkneten. Anschließend die gefrorenen Heidelbeeren kurz in etwas Mehl wälzen und zusammen mit den getrockneten Heidelbeeren und der weißen Schokolade unterrühren. Alles sorgfältig miteinander verkneten und daraus 10 kleine Kugeln zur gewünschten Cookie-Form formen und auf einem Backblech verteilen. Achtung: Die Kugeln dürfen nicht zu groß werden, da sie beim Backen noch etwas zerlaufen!

Mit einem Kochlöffel eine Kuhle in die Mitte der Kekse drücken und etwas Konfitüre hineinfüllen. Die Cookies anschließend für ca. 20 Minuten im heißen Backofen (Mitte) backen.

In der Zwischenzeit für das Topping das Mehl mit dem Erythrit, Zimt und Proteinpulver in einer Schüssel vermengen. Die Butter hinzufügen und alles zu einem krümeligen Teig verkneten. Die Cookies kurz aus dem Ofen nehmen und damit bestreuen. Anschließend für weitere 5–10 Minuten backen.

Nährwerte

KALORIEN	KOHLENHYDRATE	FETT	PROTEIN
633	58 g	30 g	26 g

AVOCADO TOAST *mit Ei*

2 PORTIONEN

2 Eier (Größe M)
4 Scheiben glutenfreies Brot (alternativ Vollkornbrot)
1 Avocado
1 Zitrone
Salz
2 Tomaten

ZUBEREITUNG

Die Eier aufschlagen und als Spiegeleier in einer Pfanne von beiden Seiten goldbraun braten. Das Brot in einer Pfanne ohne Fett von beiden Seiten anrösten und zum Abkühlen auf einen Teller legen.

Avocado halbieren, entkernen, aushöhlen und das Fruchtfleisch in eine Schüssel geben. Den Saft der Zitrone ausdrücken und die Avocado damit beträufeln. Mit 1 TL Salz verfeinern und mit einer Gabel zu einer homogenen Masse zerdrücken. Die Masse gleichmäßig auf dem Toast verteilen.

Die Tomaten waschen, vom Stielansatz befreien, in Scheiben schneiden und über der Avocado-Masse verteilen. Zuletzt das Ei auf dem Brot platzieren, mit der zweiten Brotscheibe abdecken und in der Mitte halbieren.

TIPP Wer kein Ei mag, kann etwas vegetarischen Feta (light) klein schneiden und darüberstreuen – schmeckt auch richtig gut!

VEGAN

Für die vegane Variante kannst du statt des Spiegeleis veganen Feta-Ersatz verwenden.

Nährwerte

KALORIEN	KOHLENHYDRATE	FETT	PROTEIN
346	15 g	22 g	18 g

LOW CARB WRAPS

2 PORTIONEN

8 Blätter Kopfsalat
2 Tomaten
1 Avocado
100 g Tofu
2 Knoblauchzehen
150 g griechischer Joghurt (0,2 % Fett)
Salz

ZUBEREITUNG

Salatblätter mit kaltem Wasser abwaschen und trocken schütteln. Die Tomaten waschen, vom Stielansatz befreien und in Scheiben schneiden. Die Avocado halbieren, entkernen, aushöhlen und ebenfalls in Scheiben schneiden.

Den Tofu sorgfältig auspressen und in Scheiben schneiden. Anschließend in einer Pfanne ohne Fett anbraten. Knoblauch schälen und fein hacken oder durch eine Presse drücken. Den Joghurt mit 1 TL Salz und dem Knoblauch vermengen. Nun jeweils ein Salatblatt auf einen Teller legen und mit dem Joghurtdip bestreichen. Das Gemüse und den Tofu darauf verteilen und den Wrap vorsichtig zusammenrollen. Achtung – das Rollen der Wraps ist nicht ganz einfach, daher verwendest du am besten große, nicht eingerissene Salatblätter.

TIPP Die Wraps eignen sich super zur Resteverwertung. Einfach frisches Gemüse nach Wahl und Verfügbarkeit in Scheiben schneiden und drauflos kombinieren.

Nährwerte (1 Wrap)

KALORIEN	KOHLENHYDRATE	FETT	PROTEIN
279	29 g	11 g	17 g

TORTILLA EGG *Wrap*

2 WRAPS

½ Salatgurke
½ rote Paprika
1 Tomate
1 kleines Bund Schnittlauch
1 Knoblauchzehe
½ Limette
Salz, Pfeffer
4 Eier (Größe M)
2 Tortilla-Wraps
Sriracha-Sauce (optional)
½ Avocado

ZUBEREITUNG

Die Gurke und Paprika waschen, putzen und in kleine Streifen schneiden. Die Tomate waschen, putzen, vierteln und in kleine Würfel schneiden. Schnittlauch waschen, trocken schütteln und klein hacken. Alles in eine Schüssel geben.

Den Knoblauch schälen und durch eine Knoblauchpresse drücken. Den Saft der Limette auspressen. Knoblauch und Limettensaft mischen, mit Salz und Pfeffer abschmecken und verrühren. Das Dressing über das geschnittene Gemüse geben und gründlich durchmischen.

Die Eier vermengen und in eine beschichtete Pfanne geben. Kurz anbraten, die Tortilla-Wraps hineinlegen und von beiden Seiten anbraten, bis das Ei durch ist. Die Ei-Tortilla auf einen Teller geben und mit Sriracha-Sauce grundieren.

Avocado halbieren, entkernen und aushöhlen. Das Fruchtfleisch in feine Scheiben schneiden und zusammen mit dem restlichen Gemüse auf die Wraps geben. Den Wrap dann zusammenrollen und servieren.

VARIANTE

Für einen Low-Carb-Wrap kannst du den Tortilla-Wrap weglassen oder mit einem Gemüse-Tortilla ersetzen.

Nährwerte (5 Rollen, ohne Dip)

KALORIEN	KOHLENHYDRATE	FETT	PROTEIN
392	60 g	6,4 g	19 g

RAINBOW ROLLS

2 PORTIONEN

Für die Rolls

100 g Tofu
½ Möhre
½ Salatgurke
50 g Rotkohl
1 Feige
50 g Reisnudeln
ca. 5 Blätter Reispapier

Für die Sauce

1 EL Erdnussbutter
2 EL Sojasauce

ZUBEREITUNG

Tofu aus der Verpackung nehmen und mit einem Papiertuch abtupfen. Mit einem Messer in längliche Streifen schneiden.

Möhre, Gurke und Rotkohl waschen, putzen, schälen und in feine Streifen schneiden. Die Feige waschen und vierteln.

Die Reisnudeln mit ausreichend heißem Wasser aufgießen und nach Packungsanleitung kochen.

Reispapier einzeln in ein Wasserbad legen, bis es weich wird. Dann herausnehmen und mit Gemüse, Tofu, Feige und Reisnudeln nach Belieben belegen und zusammenrollen.

Für die Sauce Erdnussbutter und Sojasauce vermischen und zu den Rainbow Rolls servieren.

TIPP Wenn du ein paar Kalorien bei der Erdnussbutter einsparen möchtest, dann ersetze diese durch mit Wasser angerührtes Erdnussbutterpulver.

Nährwerte (1 Pizza)

KALORIEN	KOHLENHYDRATE	FETT	PROTEIN
936	128 g	24 g	57 g

SPINAT PIZZA

1 PIZZA

70 g Spinat
125 g glutenfreies Mehl
1 TL Backpulver
125 g Quark (Magerstufe)
5–8 Kirschtomaten
1 EL Tomatenmark
1 TL Mandelmus
Salz
1 Kugel Mozzarella (fettreduziert)

ZUBEREITUNG

Den Ofen auf 170 °C (Ober-/Unterhitze) vorheizen.

Für den Teig den Spinat waschen, trocken schütteln und grob hacken. Das Mehl mit dem Backpulver vermengen. Anschließend Magerquark und Spinat hinzugeben und alles sorgfältig zu einem glatten Teig verkneten. Zu einer Kugel formen und diese für 5–10 Minuten ruhen lassen. Den Teig anschließend ausrollen und für 10 Minuten im heißen Ofen (Mitte) auf einem Blech vorbacken.

In der Zwischenzeit die Kirschtomaten waschen und bei Bedarf halbieren. Das Tomatenmark und Mandelmus miteinander verrühren und mit 1 TL Salz abschmecken. Den Teig aus dem Ofen holen, mit der Sauce bestreichen und Mozzarella darüberzupfen. Mit den Kirschtomaten garnieren und für weitere 10–20 Minuten im heißen Ofen backen.

Nährwerte (1 Döner)

KALORIEN	KOHLENHYDRATE	FETT	PROTEIN
446	57 g	11 g	27 g

VEGANER DÖNER

2 DÖNER

Für den Döner

2 Pitabrote

200 g Tofu

1 Prise Dönergewürz (alternativ Paprikapulver)

1 kleine rote Zwiebel

1 mittelgroße Tomate

½ Salatgurke

2 Handvoll Weißkohl

Für die Sauce

1 Zitrone

1 Bund Schnittlauch

150 g Soja-Joghurtalternative

2 TL Knoblauchsalz

2 TL Pfeffer

ZUBEREITUNG

Die Pitabrote aufschneiden und in einer Pfanne ohne Fett von allen Seiten knusprig anrösten.

Den Tofu abtupfen und in Streifen schneiden, mit Dönergewürz würzen und in einer Pfanne ohne Fett goldbraun anbraten.

Die Zwiebel schälen und fein hacken. Die Tomate waschen, putzen und in Scheiben schneiden. Die Gurke waschen und nochmals halbieren. Die eine Hälfte in gleichmäßige Scheiben schneiden, die andere Hälfte für die Sauce klein hacken. Weißkraut putzen, waschen und klein schneiden.

Für die Sauce die Zitrone halbieren und den Saft auspressen. Schnittlauch waschen, trocken schütteln und klein hacken. Alles mit Soja-Joghurtalternative, Knoblauchsalz, Pfeffer und den gehackten Gurken vermengen. Das Brot mit der Sauce bestreichen und mit Tofu und Gemüse belegen.

Nährwerte (4 Muffins)

KALORIEN	KOHLENHYDRATE	FETT	PROTEIN
115	6 g	1,4 g	17 g

HIGH PROTEIN *Muffins*

4 MUFFINS

100 g TK-Brokkoli
1 Knoblauchzehe
200 g Eiweiß (aus ca. 6 Eiern)
8 g Kokosnussmehl
1 Handvoll Blattspinat
Salz

Außerdem
Muffinform
Fett zum Ausfetten

ZUBEREITUNG

Den Brokkoli im heißen Ofen oder in der Heißluftfritteuse auftauen und etwas anrösten lassen. Anschließend den Ofen auf 170 °C (Ober-/Unterhitze) vorheizen.

Währenddessen den Knoblauch schälen und fein hacken. Das Eiweiß und das Kokosnussmehl vermengen und den Spinat, 1 TL Salz und den gehackten Knoblauch hinzufügen.

Wenn der Brokkoli gar ist, grob zerkleinern und zur Eiweiß-Mehl-Mischung geben. Eine Muffinform mit etwas Fett ausstreichen und die Masse in 4 Portionen teilen. Die Muffins für ca. 10–15 Minuten im heißen Backofen (Mitte) backen.

TIPP Du kannst die Muffins anschließend noch mit Tomatensauce bestreichen, mit fettarmem Mozzarella belegen und sie noch einmal kurz im Ofen überbacken.

Nährwerte (5 Breads)

KALORIEN	KOHLENHYDRATE	FETT	PROTEIN
899	145 g	20 g	9 g

GARLIC PIZZA *Breads*

5 BREADS

Für den Teig

120 g glutenfreies Mehl
25 g Kokosnussmehl
1 TL Backpulver
2 g Erythrit
1 Knoblauchzehe
½ Bund Petersilie
140 g griechischer Joghurt (0,2 % Fett)
Kokosöl

Für die Sauce

1 Schalotte
½ Dose stückige Tomaten (200 g)
1 EL Olivenöl
1 EL getrockneter Oregano
1 Prise Chiliflocken

ZUBEREITUNG

Den Backofen auf 220 °C (Ober-/Unterhitze) vorheizen.

Für den Teig die Mehle, Backpulver und Erythrit vermengen. Den Knoblauch schälen und fein hacken oder durch eine Knoblauchpresse drücken. Die Petersilie waschen, trocken schütteln und fein hacken. Petersilie und die Hälfte des Knoblauchs mit dem Joghurt zum Mehlgemisch geben und alles zu einem glatten Teig vermengen. 8 Portionen abstechen und zu Kugeln formen, diese ausrollen, dabei jedoch darauf achten, dass der Teig nicht zu dünn wird.

Eine beschichtete Pfanne mit etwas Kokosöl erhitzen. Die Fladen kurz von beiden Seiten goldgelb anbraten.

Für die Sauce die Schalotte schälen und in feine Würfel hacken. Mit dem restlichen Knoblauch, den Tomaten und dem Olivenöl vermengen und mit Oregano und Chili abschmecken. Die Sauce anschließend auf die fertigen Pizzabrote geben.

VEGAN

Für die vegane Variante griechischen Joghurt durch eine vegane Quarkalternative ersetzen.

Nährwerte (1 Pizza)

KALORIEN	KOHLENHYDRATE	FETT	PROTEIN
585	82 g	17 g	28 g

SWEET PIZZA

1 PIZZA

Für die Pizza

100 g zarte Haferflocken
1 TL gemahlener Zimt
1 TL Erythrit

Für den Belag

30 g Soja-Joghurtalternative
15 g Erdbeer-Proteinpulver
½ Banane (optional)
1 Handvoll Beeren (optional, nach Belieben)
1 EL zuckerfreie Schokodrops (optional)

ZUBEREITUNG

Haferflocken im Standmixer zu Haferflockenmehl mahlen und in eine Schüssel füllen. Nach und nach heißes, fast kochendes Wasser hinzugeben, bis ein fester Teig entstanden ist. Diesen kurz quellen und abkühlen lassen. Zimt und Erythrit zugeben und das Gemisch anschließend mit den Händen kurz weiter zu einem Teig kneten.

Den Teig auf einer mit Mehl beschichteten Oberfläche ausrollen und zu einem Pizzaboden formen. Diesen Boden für ein paar Minuten in einer Pfanne ohne Fett von beiden Seiten goldbraun anbraten, anschließend abkühlen lassen.

Für den Belag die Soja-Joghurtalternative mit dem Proteinpulver vermischen und auf den Haferboden streichen. Anschließend die Pizza nach Belieben mit Obst, Kakao-Nibs etc. belegen.

VEGAN Für eine vegane Variante einfach veganes Proteinpulver benutzen.

Nährwerte

KALORIEN	KOHLENHYDRATE	FETT	PROTEIN
484	**32 g**	**35 g**	**11 g**

AVOCADO PASTA

2 PORTIONEN

200 g Vollkornpasta (alternativ glutenfreie Pasta)
1 Avocado
1 Bund Basilikum
1 Knoblauchzehe
8 Kirschtomaten
30 g Soja-Joghurtalternative
Salz
2 EL Olivenöl
10 g Pinienkerne
10 g vegetarischer Parmesan (z. B. Montello)

ZUBEREITUNG

Nudeln nach Packungsanweisung in ausreichend Salzwasser gar kochen.

Währenddessen die Avocado halbieren, entkernen und aushöhlen. Das Basilikum waschen, trocken schütteln und die Blätter abzupfen. Den Knoblauch schälen und fein hacken. Die Kirschtomaten waschen und bei Bedarf halbieren.

Das Fruchtfleisch der Avocado zusammen mit dem Basilikum, der Soja-Joghurtalternative, 1 TL Salz, Knoblauch und Olivenöl in einem Mixer zu einer cremigen Masse mixen.

In einer Pfanne ohne Fett die Pinienkernen anrösten, aus der Pfanne nehmen und beiseitestellen. Dann die Kirschtomaten in der Pfanne ebenfalls kurz anbraten.

Die fertige Pasta mit der Avocadomasse und den Kirschtomaten vermengen und vor dem Servieren noch mit den gerösteten Pinienkernen und Parmesan garnieren.

VEGAN Für eine vegane Variante verwende statt des Parmesans Hefeflocken.

Nährwerte

KALORIEN	KOHLENHYDRATE	FETT	PROTEIN
250	39 g	3 g	3 g

KÜRBIS GNOCCHI

4 PORTIONEN

1 kleiner Hokkaidokürbis (ca. 800 g)

3–5 mittelgroße Kartoffeln (festkochend)

100 g glutenfreies Mehl, plus etwas mehr (je nach Größe des Kürbis)

Salz

1 Knoblauchzehe

1 Bund Rosmarin

2 EL Olivenöl

ZUBEREITUNG

Den Backofen auf 170 °C (Ober-/Unterhitze) vorheizen. Kürbis halbieren, entkernen, schälen und in kleine Stücke schneiden. Für ca. 25 Minuten im heißen Ofen (Mitte) backen, bis er weich ist. Die Kartoffeln waschen und in einem Topf mit ausreichend Wasser für ca. 20 Minuten gar kochen.

Die Kartoffeln abgießen, schälen und zusammen mit dem Kürbisfleisch in eine Schüssel geben. Das Gemüse mit einem Kartoffelstampfer zu einer homogenen Masse zerdrücken. Nach und nach das Mehl hinzufügen und alles zu einem Teig verkneten. Falls nötig noch etwas mehr Mehl zugeben, damit ein gleichmäßiger Teig entsteht. Kleine Portionen abstechen und zu einer Rolle formen. Davon wieder kleine Portionen abschneiden und diese über eine umgedrehte Gabel rollen, damit die klassische Form gebildet werden kann.

Die Gnocchi im kochenden Salzwasser für ca. 2 Minuten kochen. Wenn sie an der Oberfläche schwimmen, sind sie fertig.

Den Knoblauch schälen und fein hacken. Den Rosmarin waschen, trocken schütteln und grob hacken. Anschließend Olivenöl in einer Pfanne erhitzen. Knoblauch, Rosmarin und 1 Prise Salz anschwitzen und anschließend die Gnocchi dazugeben. Alles goldbraun anbraten und servieren.

TIPP

Die Gnocchi lassen sich super vorbereiten und für später einfrieren!

Nährwerte

KALORIEN	KOHLENHYDRATE	FETT	PROTEIN
469	53 g	15 g	27 g

KICHER ERBSEN *Curry*

2 PORTIONEN

120 g Reis
200 g Kichererbsen (Dose oder Glas)
100 g Tofu
1 rote Paprika
½ Brokkoli
1 Knoblauchzehe
5 cm frischer Ingwer
160 ml Kokosmilch (fettreduziert)
2 TL Currypaste (alternativ Currypulver)
Salz
2 EL Kokosnussmehl

ZUBEREITUNG

Den Reis mit ausreichend Wasser in einem Topf oder einem Reiskocher garen.

Die Kichererbsen abgießen, waschen und nach Belieben die Schale entfernen. Den Tofu auspressen, klein schneiden und nach Belieben würzen. Die Paprika waschen, putzen und in Streifen schneiden. Den Brokkoli ebenfalls waschen und in kleine Röschen zerteilen. Knoblauch und Ingwer schälen und fein hacken.

Das Gemüse zusammen mit dem Tofu, Knoblauch und Ingwer in einer Pfanne ohne Fett anbraten. Hitze reduzieren und mit der Kokosmilch ablöschen. Currypaste dazugeben und alles nach Belieben mit Salz abschmecken.

Wenn der Reis gar ist, das Kokosmehl untermischen und alles auf einem Teller servieren.

Nährwerte

KALORIEN	KOHLENHYDRATE	FETT	PROTEIN
490	**50 g**	**25 g**	**12 g**

STUFFED SWEET *Potato*

2 PORTIONEN

Für die Süßkartoffeln

- 2 mittelgroße Süßkartoffeln
- 2 TL Avocadoöl (alternativ Olivenöl)
- 2 Schalotten
- 10–15 Kirschtomaten
- 2 Knoblauchzehen
- ½ Bund Koriandergrün (alternativ Petersilie)
- 200 g Kidneybohnen (Dose)
- 60 g Mais (Dose oder Glas)
- Salz, Pfeffer
- Chiliflocken
- 1 Limette

Für das Topping

- 1 Avocado
- 1 Zitrone
- Salz
- 150 g Kokos-Joghurtalternative

ZUBEREITUNG

Den Ofen auf 180 °C (Ober-/Unterhitze) vorheizen.

Süßkartoffeln waschen und mit einer Gabel rundherum einstechen. Mit 1 EL Avocadoöl bestreichen und für ca. 40 Minuten im heißen Ofen (Mitte) backen, bis sie weich sind. Je nach Größe der Süßkartoffeln kann das auch etwas länger dauern.

Die Schalotten schälen und klein würfeln. Die Tomaten waschen, putzen und ebenfalls klein würfeln. Knoblauch schälen und fein hacken. Den Koriander waschen, trocken schütteln und fein hacken. Alles zusammen in eine Schüssel geben und Kidneybohnen, Mais, Öl, je 1 Prise Salz, Pfeffer und Chiliflocken hinzufügen. Limette auspressen und den Limettensaft ebenfalls hinzufügen. Alles gut miteinander vermengen.

Für das Topping die Avocado halbieren, entkernen und aushöhlen. Das Fruchtfleisch in einer Schale mit einer Gabel zerdrücken. Zitrone auspressen und den Zitronensaft und 1 Prise Salz zur Avocado geben. Die Joghurtalternative zugeben und alles sorgfältig verrühren.

Sobald die Süßkartoffeln gar sind, diese aus dem Ofen holen und halbieren. Die Hälften mit Gemüse füllen und mit dem Dip servieren.

VARIANTE

Wenn du keine Süßkartoffeln magst, kannst du das Rezept auch mit normalen Kartoffeln zubereiten.

Nährwerte

KALORIEN	KOHLENHYDRATE	FETT	PROTEIN
242	9 g	2 g	40 g

HIDDEN VEGGIE *Volognese*

2 PORTIONEN

200 g Vollkornnudeln
3 große Tomaten
2 große Möhren
1 mittelgroße Zucchini
1 Zwiebel
2 Knoblauchzehen
2 EL Olivenöl
Salz
150 g Sonnenblumen-Hackfleischalternative (alternativ Soja)
1 TL Paprikapulver

ZUBEREITUNG

Den Backofen auf 150 °C (Ober-/Unterhitze) vorheizen. Die Nudeln nach Packungsanweisung in ausreichend Salzwasser gar kochen.

Das Gemüse waschen, putzen, schälen und in grobe Stücke schneiden. Alles auf ein mit Backpapier ausgelegtes Backblech legen, mit 1 EL Olivenöl beträufeln und 2 TL Salz darüberstreuen. Das Gemüse im heißen Backofen (Mitte) für ca. 15–20 Minuten backen, bis es gar ist. Anschließend kurz abkühlen lassen und im Mixer oder mit dem Pürierstab mixen. Bei Bedarf nachwürzen.

Die vegane Hackfleischalternative kurz mit kochendem Wasser übergießen und 5 Minuten ziehen lassen. Anschließend abgießen und mit etwas Salz und Paprikapulver würzen. Das restliche Olivenöl in der Pfanne erhitzen und die Hackfleischalternative darin anbraten. Mit dem passierten Gemüse übergießen und für ca 3 Minuten köcheln lassen.

Die Nudeln mit der Sauce vermengen und servieren.

Kapitel 3

DIPS & KLEINIG-KEITEN

Nährwerte (1 Glas)

KALORIEN	KOHLENHYDRATE	FETT	PROTEIN
240	3 g	16 g	17 g

FAKE CARAMEL *Creme*

1 GLAS (ca. 80 ml)

- 2 EL Mandelmus
- 15 g weißes Schoko-Proteinpulver
- 1 TL Erythrit

ZUBEREITUNG

Alle Zutaten miteinander vermengen.

Nach Bedarf 1–2 TL kaltes Wasser hinzugeben und alles mehrere Minuten lang kräftig zu einer glatten Sauce verrühren.

TIPP Nutze den Dip z. B. als Topping auf deiner Frühstücksbowl oder auf deinem Porridge. Alternativ kannst du Früchte und Datteln hineindippen, das gibt viel Energie und eignet sich hervorragend als Pre-Workout-Snack.

Nährwerte (1 Glas)

KALORIEN	KOHLENHYDRATE	FETT	PROTEIN
134	5 g	3 g	20 g

PROTEIN CREME *Peanut Butter*

1 GLAS (ca. 80 ml)

- 1 EL Erdnussbutterpulver
- 1 TL Backkakao
- 15 g Schoko-Proteinpulver (alternativ Erdnuss-Proteinpulver)

ZUBEREITUNG

Die trockenen Zutaten gut vermischen, bis keine Klumpen mehr vorhanden sind. Langsam 2–3 EL kaltes Wasser zugeben und einrühren, bis eine cremige Masse entsteht.

VEGAN Für die vegane Alternative veganes Proteinpulver verwenden.

Nährwerte (1 Glas)

KALORIEN	KOHLENHYDRATE	FETT	PROTEIN
156	18 g	2,3 g	10 g

FAKE TUNA *Aufstrich*

1 GLAS (ca. 80 ml)

1 Dose Kichererbsen (Abtropfgewicht 265 g)

½ Bund Frühlingszwiebeln

½ Zitrone

30 g Soja-Joghurtalternative (ohne Zuckerzusatz)

Salz

2 Reiswaffeln (nach Belieben)

ZUBEREITUNG

Die Kichererbsen abgießen und abspülen. Nach Bedarf kann die Schale der einzelnen Kichererbsen entfernt werden, damit sie bekömmlicher werden.

Die Frühlingszwiebeln waschen, trocken schütteln und in feine Ringe schneiden. Die Zitronenhälfte sorgfältig auspressen und den Zitronensaft zu den Kichererbsen geben. Die Frühlingszwiebeln, Joghurtalternative und ½ TL Salz dazugeben und alles mit einer Gabel zerdrücken, bis eine cremige Masse entsteht.

Die Reiswaffeln anschließend mit dem Fake-Tuna-Aufstrich bestreichen.

TIPP Der Dip passt auch super zu Tortilla-Chips!

Nährwerte (1 Glas)

KALORIEN	KOHLENHYDRATE	FETT	PROTEIN
524	25 g	35 g	27 g

PROTEIN CASHEW *Butter*

1 GLAS (ca. 80 ml)

80 g Cashewkerne

1 TL Vanilleextrakt (alternativ natürliche Vanille)

Salz

30–50 ml ungesüßter Mandeldrink

15 g Vanille-Proteinpulver

ZUBEREITUNG

Die Cashewkerne in einen Mixer geben und mixen, bis sie cremig werden und daraus ein Mus geworden ist. Das kann mehrere Minuten dauern. Das Vanilleextrakt und 1 Prise Salz hinzugeben und alles vermengen.

Anschließend mit dem Mandeldrink sowie dem Vanille-Proteinpulver vermengen. So lange vermischen, bis eine homogene Masse entsteht. Die Creme in ein luftdicht verschließbares Glas füllen und für mindestens 12 Stunden im Kühlschrank ziehen lassen.

VEGAN Für eine vegane Variante nutze veganes Proteinpulver.

Nährwerte

KALORIEN	KOHLENHYDRATE	FETT	PROTEIN
322	24 g	16 g	14 g

CLASSIC HUMMUS

2 PORTIONEN

Für den Hummus

1 Dose Kichererbsen (Abtropfgewicht 265 g)

1 Zitrone

2 Knoblauchzehen

5 EL Tahin

Salz, Pfeffer

Für das Topping

½ Bund Petersilie

Chiliflocken

ZUBEREITUNG

Die Kichererbsen abtropfen lassen, dabei die Flüssigkeit aus der Dose auffangen. Die Kichererbsen mit kaltem Wasser abwaschen. Die Zitrone auspressen. Knoblauch schälen und durchpressen. Kichererbsen mit Zitronensaft, gepresstem Knoblauch, Tahin und je 2 TL Salz und Pfeffer in einen Mixer geben und vermengen, bis eine cremige Masse entsteht.

Für das Topping die Petersilie waschen, trocken schütteln und fein hacken.

Den Hummus in eine Schüssel geben und mit der Petersilie sowie 1 Prise Chiliflocken dekorieren. Genieße ihn als Dip zu Bowls oder als Vorspeise mit etwas Pita-Brot.

Nährwerte

KALORIEN	KOHLENHYDRATE	FETT	PROTEIN
323	54 g	11 g	20 g

TEMPEH FRIES

2 PORTIONEN

200 g Tempeh
2 große Möhren

Für die Marinade

4 EL Sojasauce
2 EL Sesamöl
2 TL Agavendicksaft
1 TL Chiliflocken
20 g glutenfreies Mehl
1 TL Speisestärke

ZUBEREITUNG

Tempeh in Streifen schneiden. Die Möhre schälen und ebenfalls in feine Stifte schneiden.

Für die Marinade Sojasauce, Sesamöl, Agavendicksaft und Chiliflocken vermengen und die Tempeh- und Möhrenstifte darin eintauchen. Für ca. 15 Minuten marinieren lassen.

In der Zwischenzeit die Heißluftfritteuse oder den Backofen auf 150–180 °C (Ober-/Unterhitze) vorheizen, je nach Dicke der Fries. Mehl und Speisestärke mischen und die Fries anschließend darin wälzen.

Die Fries anschließend für 15 Minuten im Airfryer oder 20–25 Minuten im Ofen knusprig backen.

Nährwerte (5–6 Bars)

KALORIEN	KOHLENHYDRATE	FETT	PROTEIN
507	37 g	24 g	52 g

STRAWBERRY NICECREAM *Bars*

5–6 BARS

Für die Nicecream

300 g griechischer Joghurt (0,2 % Fett, alternativ Soja-Joghurtalternative)

2 TL Kokosnussöl

130 g TK-Erdbeeren

39 g Erdbeer-Proteinpulver

Für das Topping

50 g Frischkäse (0,1 % Fett)

15 g Kokos-Proteinpulver

1 EL Kokosraspeln

10 g Erythrit

Außerdem

Riegel-Silikonform

ZUBEREITUNG

Für die Strawberry Nicecream alle Zutaten in den Mixer geben und gut vermengen. Die Masse in eine Silikonform für Riegel füllen und diese für ca. 10–20 Minuten in den Gefrierschrank stellen.

Für das Topping den Frischkäse mit dem Kokos-Proteinpulver und den Kokosraspeln vermengen und das Erythrit hinzufügen. Etwas Wasser zugeben, bis die Masse cremig wird. Anschließend die Riegel in 2 Schichten mit dem Topping bestreichen und für 1 weitere Stunde in den Gefrierschrank stellen.

Nährwerte (1 Spieß, ohne Sauce)

KALORIEN	KOHLENHYDRATE	FETT	PROTEIN
123	4 g	6 g	11 g

ERDNUSS TOFU Grillspieße

2 PORTIONEN

200 g Tofu
5–8 Datteltomaten
1 rote Paprika

Für die Marinade

1 Limette
2 TL rote Currypaste
je 1 EL frischer Ingwer und Erdnussbutter
5 EL Sojasauce

Für die Sauce

je 2 EL rote Currypaste, Sojasauce und Ahornsirup
100 g Erdnussbutter
150 ml Kokosmilch (fettreduziert)

Außerdem

Öl zum Braten
1 Stängel Koriander
1 Handvoll Erdnüsse

ZUBEREITUNG

Tofu abtupfen und in große Würfel schneiden. Die Tomaten und Paprika waschen, putzen und in ähnlich große Stücke schneiden.

Für die Marinade die Limette auspressen und den Saft zusammen mit allen anderen Zutaten sorgfältig vermengen. Den Tofu mit einer Gabel einstechen und ca. 15 Minuten darin ziehen lassen, anschließend abwechselnd mit dem Gemüse auf Spieße aufspießen. Anschließend etwas Öl in einer Pfanne erhitzen und die Spieße von allen Seiten darin anbraten.

Für die Sauce alle Zutaten mit 80 ml Wasser vermengen und über die Spieße geben.

Den Koriander waschen, trocken schütteln und fein hacken. Die Erdnüsse grob hacken. Kurz vor dem Servieren die Sauce mit gehackten Erdnüssen und Koriandergrün garnieren.

VARIANTE

Du kannst für die Spieße jedes Gemüse benutzen, das du gerade zu Hause hast.

Nährwerte

KALORIEN	KOHLENHYDRATE	FETT	PROTEIN
354	18 g	29 g	5 g

AVOCADO CREME

1 PORTION

1 Avocado
1 Bund Basilikum
½ Zitrone
Salz
½ TL Chilipulver
1 TL Honig (alternativ Agavendicksaft)
2 EL Soja-Joghurtalternative

ZUBEREITUNG

Avocado halbieren, entkernen und aushöhlen. Das Fruchtfleisch grob zerkleinern und in einen Mixer geben.

Basilikum waschen, trocken schütteln, die Blätter abzupfen und diese zur Avocado geben. Die Zitronenhälfte sorgfältig darüber auspressen, ½ TL Salz, Chilipulver, Honig und Soja-Joghurtalternative hinzugeben und alles gut durchmixen, bis eine cremige Masse entsteht.

Nährwerte (10–15 Bällchen)

KALORIEN	KOHLENHYDRATE	FETT	PROTEIN
910	111 g	33 g	21 g

SCHOKO ERDNUSS *Balls*

10–15 BÄLLCHEN

80 g Datteln
80 g zarte Haferflocken
1 EL Agavendicksaft
1 EL Erdnussmus
50 g zuckerfreie Schokolade

ZUBEREITUNG

Datteln, Haferflocken, Agavendicksaft und Erdnussmus in einem Mixer zu einer glatten Masse vermengen. Mit den Händen kleine Kugeln formen und kalt stellen.

Die Schokolade über einem Wasserbad oder in der Mikrowelle schmelzen und die gekühlten Bällchen darin eintauchen.

Kurz im Kühlschrank abkühlen lassen, bis der Schokoladenüberzeug fest ist. Anschließend servieren und genießen.

Kapitel 4

SHAKES & SMOOTHIES

Nährwerte

KALORIEN	KOHLENHYDRATE	FETT	PROTEIN
133	23 g	2 g	19 g

HIMBEER JOGHURT *Bowl*

1 PORTION

40 g TK-Himbeeren

½ Pck. Agar Agar (ca. 10 g, optional)

1 EL Erythrit

30 g Soja-Joghurtalternative

15 g Himbeer-Proteinpulver (alternativ Erdbeere)

ZUBEREITUNG

TK-Himbeeren in einen Topf mit 200 ml Wasser, Erythrit und Agar Agar kurz aufkochen lassen. Anschließend für ca. 10–20 Minuten kalt stellen, bis die Masse fest wird.

Wenn kein Agar Agar verwendet wird, die TK-Himbeeren mit dem Erythrit im Standmixer mixen.

Währenddessen die Soja-Joghurtalternative mit dem Himbeer-Proteinpulver glatt rühren. Anschließend mit der Himbeermasse vermischen und in einer Schüssel oder einem Glas servieren.

VEGAN Für eine vegane Alternative veganes Proteinpulver verwenden.

Nährwerte (1 Glas)

KALORIEN	KOHLENHYDRATE	FETT	PROTEIN
114	6 g	0 g	19 g

DREIERLEI PROTEIN *Slushies*

3 GLÄSER

Für die Erdbeer-Variante

2 EL Clear Protein Erdbeere (alternativ Himbeere)

3–4 TK-Erdbeeren

Für die Apfel-Variante

2 EL Clear Protein Apfel

1 Handvoll Basilikum

Für die Heidelbeer-Variante

2 EL Clear Protein Heidelbeere

½ Glas TK-Heidelbeeren

Außerdem

3 Gläser Crushed Ice

ZUBEREITUNG

Erdbeer-Protein-Slushie: Das Crushed Ice, das Clear Protein Erdbeere, die TK-Erdbeeren und etwas Wasser in einen Mixer geben, vermengen und servieren.

Apfel-Protein-Slushie: Das Crushed Ice, das Clear Protein Apfel und etwas Wasser in einen Mixer geben und vermengen. Basilikum waschen, trocken schütteln und klein hacken. Darüberstreuen und servieren.

Heidelbeere-Protein-Slushie: Das Crushed Ice, das Clear Protein Heidelbeere, die TK-Heidelbeeren und etwas Wasser in einen Mixer geben, vermengen und servieren.

VARIANTE Wenn du kein Clear Protein hast, dann kannst du sie auch mit normalem Proteinpulver zubereiten. Die Nährwerte sind hier im Durchschnitt gerechnet, da sich die Nährwerte der verschiedenen Sorten nur ganz leicht unterscheiden.

VEGAN

Für die vegane Variante kannst du auch veganes Proteinpulver benutzen.

Nährwerte

KALORIEN	KOHLENHYDRATE	FETT	PROTEIN
144	4,7 g	3,6 g	23 g

ICED PROTEIN *Coffee*

1 PORTION

1 Shot Espresso

3 Eiswürfel

30 g Schokoladen-Protein-pulver

50 ml Haferdrink (Barista)

etwas zuckerfreien Schoko-ladensirup (nach Belieben)

ZUBEREITUNG

Den Espresso nach Belieben zubereiten und abkühlen lassen. Zusammen mit den Eiswürfeln in einen Mixer geben. Das Schokoladen-Proteinpulver zugeben und gut vermengen. Den Haferdrink separat aufschäumen.

Den Schokoladensirup in einem Glas verteilen, Kaffee zugeben und langsam mit dem aufgeschäumten Haferdrink aufgießen. Anschließend genießen!

VEGAN Für eine vegane Variante verwende veganes Proteinpulver.

Nährwerte

KALORIEN	KOHLENHYDRATE	FETT	PROTEIN
167	5 g	4,6 g	24 g

MANGO SHAKE

1 PORTION

200 ml Kokosmilch (fettreduziert)

30 g Kokos-Proteinpulver

2 EL getrocknetes Mangopulver (alternativ Mangopüree)

ZUBEREITUNG

Alle Zutaten in einen Mixer geben und gut vermengen. Für einen extra Frischekick noch ein paar Eiswürfel zugeben.

VARIANTE Du kannst diesen Shake grundsätzlich mit jeder Art von Obst zubereiten. Für die vegane Variante einfach veganes Proteinpulver verwenden.

Nährwerte

KALORIEN	KOHLENHYDRATE	FETT	PROTEIN
211	15 g	5 g	24 g

ERDBEER SHAKE

1 PORTION

5–8 TK-Erdbeeren
200 ml Haferdrink
30 g Erdbeer-Proteinpulver

ZUBEREITUNG

Erdbeeren, Haferdrink und Proteinpulver in einen Mixer geben und alles zusammen gut vermengen. In ein Glas umfüllen und servieren.

VEGAN Für eine vegane Variante verwende veganes Proteinpulver.

Nährwerte

KALORIEN	KOHLENHYDRATE	FETT	PROTEIN
303	5 g	20 g	24 g

KOKOSNUSS SCHOKO *Shake*

1 PORTION

200 ml Kokosmilch (fettreduziert)
10 g Kokosnussraspel
15 g Schoko-Proteinpulver
15 g Kokos-Proteinpulver
½ Glas Crushed Ice

ZUBEREITUNG

Alle Zutaten nach und nach in den Mixer geben und so lange vermengen, bis sie zu einem cremigen Shake werden.

Für eine schicke Glas-Deko kannst du dein Glas noch mit dem Rand zuerst in eine Schale mit etwas Wasser und danach in ein Schälchen mit Kokosraspeln dippen. Die Raspeln bleiben am Glasrand kleben und sorgen für etwas Extra-Crunch beim Genießen deines Shakes.

VEGAN Benutze für eine vegane Variante veganes Proteinpulver.

Nährwerte

KALORIEN	KOHLENHYDRATE	FETT	PROTEIN
374	25 g	19 g	26 g

ERDBEER SCHOKO *Shake*

1 PORTION

20 g zuckerfreie Schokodrops (z.B. Koro-Schokodrops mit Xylit)

30 g Schokoladen-Proteinpulver

5–8 TK-Erdbeeren

200 ml Haferdrink

gefriergetrocknete Erdbeeren (optional)

ZUBEREITUNG

Alle Zutaten in einem Mixer zu einem Shake verarbeiten und servieren.

Für die Deko kannst du deinen Shake noch mit einigen gefriergetrockneten Erdbeeren garnieren. Auch kleine Minzblättchen passen super dazu.

VEGAN Für die vegane Alternative veganes Proteinpulver verwenden.

Nährwerte

KALORIEN	KOHLENHYDRATE	FETT	PROTEIN
418	**42 g**	**17 g**	**23 g**

ERDNUSS BANANEN *Shake*

1 PORTION

1 Banane

30 g Bananen-Proteinpulver (alternativ Erdnussbutter-Proteinpulver)

1 EL Erdnussbutter

200 ml Haferdrink

einige Eiswürfel (optional)

ZUBEREITUNG

Banane schälen und zusammen mit dem Proteinpulver, Erdnussbutter und dem Haferdrink in einen Mixer geben und zu einem Shake vermengen. Nach Belieben noch ein paar Eiswürfel zugeben.

TIPP Wenn du ein paar Kalorien einsparen möchtest, dann verwende Erdnussbutterpulver. Du kannst außerdem die Banane zuvor einfrieren und im Mixer verarbeiten, damit sparst du dir die Eiswürfel.

VEGAN

Für die vegane Variante veganes Proteinpulver verwenden.

Kapitel 5

SÜSSE PROTEIN POWER

Nährwerte (10 Crispies)

KALORIEN	KOHLENHYDRATE	FETT	PROTEIN
1.048	22 g	88 g	39 g

SCHOKO CRISPIES

10 CRISPIES

80 g zuckerfreie Zartbitterschokolade
10 g Kokosöl
50 g Mandeln
50 g Sojaflocken

ZUBEREITUNG

Die Schokolade mit Kokosöl in einem Wasserbad oder in der Mikrowelle schmelzen.

Die Mandeln fein hacken und zusammen mit den Sojaflocken vermengen. Anschließend die geschmolzene Schokolade darübergeben. Alles gut miteinander vermischen und auf einer mit Backpapier ausgelegten Platte kleine Häufchen formen. Diese für mindestens 10 Minuten im Kühlschrank aushärten lassen.

Nährwerte (3–4 Bites)

KALORIEN	KOHLENHYDRATE	FETT	PROTEIN
382	5 g	19 g	46 g

ANGEL BITES

3–4 BITES

5 Eiweiß (Größe M)
Salz
5 g Backpulver
5 g Erythrit
15 g dunkles Schoko-Proteinpulver
50 ml Soja-Schlagsahne-alternative
15 g weißes Schoko-Proteinpulver
½ TL Vanillemark (alternativ Vanilleextrakt)

Außerdem

Muffinform
Fett für die Form

ZUBEREITUNG

Den Backofen auf 150 °C (Ober-/Unterhitze) vorheizen.

Die Eiweiße mit 1 Prise Salz steif schlagen. In einer separaten Schüssel Backpulver, Erythrit und das dunkle Schoko-Proteinpulver vermischen, bis alles klumpfrei ist. Die trockenen Zutaten vorsichtig unter das Eiweiß heben. Eine Muffinform einfetten und das Eiweißgemisch hineinfüllen. Achtung: Nicht zu viel Teig in die Form geben, denn die Brötchen gehen stark auf. Die Brötchen für 5–10 Minuten im heißen Backofen (Mitte) backen.

In der Zwischenzeit die vegane Schlagsahne steif schlagen und das weiße Schokoladen-Proteinpulver sowie die Vanille hinzufügen.

Wenn die Brötchen fertig sind, kurz abkühlen lassen und das Sahnegemisch darüberstreichen. Mit jeweils einem zweiten Brötchen zu einem Sandwich schließen und servieren.

Nährwerte (1 Glas)

KALORIEN	KOHLENHYDRATE	FETT	PROTEIN
403	5 g	22 g	34 g

SCHOKO CHIA *Pudding*

1 GLAS (ca. 200 ml)

170 ml ungesüßter Mandeldrink

30 g Vanille-Proteinpulver (alternativ Schoko)

15 g Kakaopulver

4 g zuckerfreies Vanille-Puddingpulver

5 g Erythrit

5 EL Chiasamen

ZUBEREITUNG

Alle Zutaten in einer Schüssel vermengen, bis eine cremige Masse entsteht. Anschließend in ein Glas umfüllen und für ca. 15–20 Minuten im Kühlschrank ziehen lassen. Danach servieren und genießen.

VEGAN Für die vegane Alternative veganes Proteinpulver nutzen.

Nährwerte (1 Toast)

KALORIEN	KOHLENHYDRATE	FETT	PROTEIN
170	21 g	2 g	17 g

PROTEIN TOAST *Taschen*

2 TOASTS

Für die Füllung

50 g Vanille-Proteinpulver
15 g Kakaopulver
5 g Erythrit

Für die Sandwiches

4 Scheiben Vollkorntoast (glutenfrei)
1 Eiweiß (Größe M)

Für das Topping

10 g Puder-Erythrit
4 g zuckerfreies Vanille-Puddingpulver
60 g griechischer Joghurt (0,2 % Fett)

Außerdem

Heißluftfritteuse (optional)
4 Schokoladen-Milchcreme-Kekse (z. B. Oreos, nach Belieben)

ZUBEREITUNG

Die Heißluftfritteuse auf 200 °C vorheizen. Wenn der Ofen verwendet wird, diesen auf 200–220 °C (Ober-/Unterhitze) vorheizen. Für die Füllung 30 g des Proteinpulvers, Kakaopulver und Erythrit vermischen. Langsam etwas kaltes Wasser hinzufügen, bis es cremig wird.

Zwei Scheiben Toast von allen Seiten mit Eiweiß bestreichen und etwas von der Füllung darauf verteilen. Mit je einer zweiten Scheibe zu einem Sandwich schließen und die Krusten abschneiden. Die Ränder fest mit einer Gabel zusammenpressen und mit dem restlichen Eiweiß verkleben. Die Sandwiches in die Heißluftfritteuse legen und für je 3 Minuten pro Seite frittieren oder 5–10 Minuten im heißen Ofen (Mitte) backen.

Für das Topping das restliche Proteinpulver, Puder-Erythrit, Puddingpulver und Joghurt vermischen, bis eine cremige Masse entsteht.

Die Sandwiches herausnehmen und etwas abkühlen lassen, anschließend das Icing daraufgeben und einen Keks darauf zerbröseln.

TIPP

Achte darauf, dass du das Brot mit genug Eiweiß bestreichst, ansonsten bricht es schnell.

Nährwerte

KALORIEN	KOHLENHYDRATE	FETT	PROTEIN
235	30 g	8 g	7 g

KOKOS PORRIDGE

1 PORTION

50 g zarte Haferflocken
5 g Erythrit
100 ml Kokosdrink, plus etwas mehr
1 EL Kokosmus

Außerdem

Topping deiner Wahl (z. B. Banane, Kakao-Nibs, Fake Caramel Creme (siehe S. 82))

ZUBEREITUNG

Die Haferflocken mit dem Erythrit und dem Kokosdrink in einen Topf geben und kurz aufkochen lassen. Die Konsistenz sollte cremig sein.

Den Topf vom Herd nehmen und das Kokosmus dazugeben. Die Masse gut vermengen und den Porridge in einer Schale servieren. Nach Belieben ein wenig Kokosdrink über den Porridge gießen und mit dem Topping deiner Wahl abrunden.

VARIANTE Für einen High Protein Porridge kannst du (veganes) Proteinpulver hinzugeben. Achtung: Unbedingt das Porridge vorher vom Herd nehmen und das Proteinpulver erst am Ende einrühren, damit dieses nicht flockt.

Nährwerte

KALORIEN	KOHLENHYDRATE	FETT	PROTEIN
369	34 g	22 g	9 g

QUINOA PORRIDGE

1 PORTION

50 g Quinoa
100 ml Kokosmilch (fettreduziert)
3 g Erythrit

Außerdem

Topping deiner Wahl (z. B. Himbeeren, Feigen, Bananen, Kokosraspel, Granatapfel, Agavendicksaft)

ZUBEREITUNG

Die Quinoa in einem Topf oder einem Reiskocher mit der Kokosmilch aufkochen. Wenn sie gar ist, das Erythrit hinzufügen und gut vermengen. Die Quinoa in eine Schüssel füllen und noch einen Schuss Kokosmilch hinzufügen, sodass ein cremiges Porridge entsteht. Garniere die Quinoa mit einem Topping deiner Wahl.

VARIANTE Für eine High-Protein-Variante kannst du, wenn die Quinoa etwas abgekühlt ist, Proteinpulver hinzugeben.

Nährwerte

KALORIEN	KOHLENHYDRATE	FETT	PROTEIN
325	38 g	8 g	20 g

SCHOKO PORRIDGE

1 PORTION

50 g zarte Haferflocken
125 ml Haferdrink
5 g Erythrit
1 EL Kakaopulver
15 g Schoko-Proteinpulver

Außerdem

Topping deiner Wahl (z. B. Kakao-Nibs, Erdnussbutter-pulver mit Wasser angerührt, zuckerfreie Schokolade)

ZUBEREITUNG

Die Haferflocken mit dem Haferdrink in einem Topf kurz aufkochen und für ca. 10 Minuten ziehen lassen, bis die Haferflocken aufweichen und eine cremige Konsistenz entsteht.

Den Topf von der Herdplatte ziehen und Erythrit, Kakaopulver und Schoko-Proteinpulver hinzugeben. Alles gründlich vermischen und in eine Schüssel füllen. Zuletzt mit dem Topping deiner Wahl garnieren und servieren.

Nährwerte

KALORIEN	KOHLENHYDRATE	FETT	PROTEIN
325	45 g	6 g	22 g

VERY BERRY *Porridge*

1 PORTION

50 g zarte Haferflocken
125 ml Haferdrink
60 g TK-Beeren
5 g Erythrit
15 g Erdbeer-Proteinpulver

Außerdem

Topping deiner Wahl (z. B. Himbeeren oder Blaubeeren)

ZUBEREITUNG

Die Haferflocken mit dem Haferdrink in einem Topf kurz aufkochen und für ca. 10 Minuten ziehen lassen, bis die Haferflocken aufweichen und eine cremige Konsistenz entsteht. Anschließend die Beeren hinzufügen und im Porridge schmelzen lassen.

Den Topf von der Herdplatte ziehen und Erythrit und das Proteinpulver hinzugeben. Alles gründlich vermischen und bei Bedarf noch etwas Haferdrink hinzufügen, sodass ein cremiger Brei entsteht. Serviere das Beeren-Porridge in einer Schüssel mit einem Topping deiner Wahl.

TIPP Das Proteinpulver unbedingt erst nach dem Kochen hinzugeben, da es bei über 60 °C zu flocken beginnt!

VEGAN

Für die vegane Variante veganes Proteinpulver benutzen.

Nährwerte (4–5 Bites)

KALORIEN	KOHLENHYDRATE	FETT	PROTEIN
367	15 g	12 g	41 g

CHEESE CAKE *Jelly Bites*

4–5 BITES

200 g Quark (Magerstufe)
2 Eier (Größe M)
20 g Erythrit
100 g TK-Himbeeren
1 Pck. Agar Agar (ca. 10 g)

Außerdem

Muffinform
Fett für die Form

ZUBEREITUNG

Den Backofen auf 150 °C (Ober-/Unterhitze) vorheizen.

Den Magerquark mit den Eiern und 10 g Erythrit vermengen und in eine eingefettete Muffinform geben. Für 15 Minuten im heißen Backofen (Mitte) backen. Anschließend abkühlen lassen und aus der Form nehmen.

In der Zwischenzeit die Himbeeren, das restliche Erythrit, Agar Agar und 200 ml Wasser in einem Topf aufkochen und für 10 Minuten bei niedriger Hitze köcheln lassen.

Die Himbeermasse in die Muffinform geben und für 20–30 Minuten in den Kühlschrank stellen. Wenn die Bites vollständig durchgekühlt sind, kannst du die einzelnen Komponenten zusammensetzen und servieren.

Nährwerte (1–2 Donuts)

KALORIEN	KOHLENHYDRATE	FETT	PROTEIN
441	21 g	12 g	58 g

PROTEIN DONUT

1–2 DONUTS

50 g Vanille-Proteinpulver
20 g Erdnussbutterpulver
25 g Kokosnussmehl
8 g Erythrit
100 g griechischer Joghurt (0,2 % Fett)
1 EL zuckerfreie Schokodrops mit Xylit (z. B. von Koro)

Außerdem

Toppings (z. B. Fake Caramel Creme (siehe S. 82) oder Erdnussbutter)

ZUBEREITUNG

Alle Zutaten in eine Schüssel geben und mit einer Küchenmaschine zu einer homogenen Masse vermengen. Die Masse für 1 Stunde im Kühlschrank stehen lassen, bis sie nicht mehr klebrig ist. Kleine Bälle formen, diese zu einer Rolle ausrollen und kleine Donuts formen. Du kannst sie roh genießen oder kurz in der Heißluftfritteuse goldbraun ausbacken.

Die Donuts nach Belieben garnieren und servieren.

VARIANTE Für eine Schoko-Milchcreme-Keks-Variante kannst du statt des Vanille-Proteinpulvers eines mit Schokogeschmack verwenden. Füge zusätzlich 25 g Backkakao hinzu und ersetze die Schokodrops durch 3 gehackte Schoko-Milchcreme-Kekse (z. B. Oreos)

VEGAN

Für eine vegane Variante kannst du veganes Proteinpulver und Soja-Joghurtalternative verwenden.

Nährwerte (1 Toast)

KALORIEN	KOHLENHYDRATE	FETT	PROTEIN
132	13 g	6 g	7 g

PROTEIN FRENCH *Toast*

4 TOASTS

1 Ei (Größe M)

15 g Vanille-Proteinpulver

50 ml Haferdrink

4 Scheiben glutenfreies Toastbrot (alternativ Vollkorn oder Dinkel)

etwas Kokosöl zum Anbraten

4 EL TK-Himbeeren (optional)

8 g Erythrit

ZUBEREITUNG

Das Ei, Proteinpulver und Haferdrink mit einem Stab- oder Standmixer vermengen, bis eine homogene Masse entstanden ist. In eine flache Schale geben.

Das Toastbrot von beiden Seiten in der Masse schwenken. Etwas Kokosöl in der Pfanne erhitzen und den Toast von beiden Seiten goldbraun braten.

TK-Himbeeren in einem Topf oder der Mikrowelle erhitzen und Erythrit zugeben.

Toast auf einem Teller servieren und mit den heißen Himbeeren toppen.

VARIANTE Für eine vegane Alternative kannst du veganes Proteinpulver und statt der Eier aufgequollene Leinsamen verwenden.

Nährwerte (bei 5 Riegeln, pro Riegel)

KALORIEN	KOHLENHYDRATE	FETT	PROTEIN
194	29 g	5 g	7 g

PEANUT BUTTER *Slices*

5–8 RIEGEL

5 EL Erdnussbutterpulver
8 g Erythrit
10 EL gepuffte Quinoa
50 g zuckerfreie Schokolade

Außerdem
Riegel-Silikonform

ZUBEREITUNG

Erdnussbutterpulver mit der gleichen Menge Wasser vermengen und Erythrit dazugeben. Die gepuffte Quinoa dazugeben und die Masse in die Silikonform geben.

Die Schokolade zerkleinern und in der Mikrowelle oder einem Wasserbad schmelzen.

Die geschmolzene Schokolade über die Riegel geben und diese noch für 1 Stunde im Gefrierschrank kalt stellen. Anschließend genießen.

VARIANTE Wer keine Erdnussbutter mag, kann stattdessen Mandelmus verwenden. Es funktioniert aber auch mit allen anderen Nussmusen.

Nährwerte

KALORIEN	KOHLENHYDRATE	FETT	PROTEIN
425	29 g	20 g	30 g

LOW CARB SYRNIKI

1 PORTION

5 EL zarte Haferflocken
5 EL körniger Frischkäse
8 g Erythrit
1 Ei (Größe M)
etwas Kokosöl zum Braten
TK-Himbeeren (optional)

ZUBEREITUNG

Haferflocken in einem Mixer zu Hafermehl zerkleinern und in eine Schüssel geben.

Frischkäse, 4 g Erythrit und das Ei zugeben und gut vermengen.

Kokosöl in einer Pfanne erhitzen und kleine Häufchen der Masse hineingeben. Syrniki von beiden Seiten goldbraun braten.

Die Himbeeren in einem Topf zu einer Art Sauce schmelzen und restliches Erythrit zugeben. Syrniki servieren und mit der Himbeersauce toppen.

Nährwerte (1 Toast)

KALORIEN	KOHLENHYDRATE	FETT	PROTEIN
130	22 g	5 g	8 g

CHEESE-CAKE *Toast*

2 TOASTS

2 EL Magerquark
1 Ei (Größe M)
5 g Erythrit
2 glutenfreie Toastbrot-scheiben (alternativ Voll-korn-Toastbrot)
1 Handvoll Beeren (optional)

Außerdem
Heißluftfritteuse (optional)

ZUBEREITUNG

Den Ofen auf 200–220 °C (Ober-/Unterhitze/Umluft) vorheizen, wenn keine Fritteuse vorhanden ist.

Magerquark und Ei in eine Schüssel geben und mit dem Erythrit vermengen.

Den inneren Teil des Toasts mit einem Löffel etwas platt drücken und die Magerquark-Ei-Mischung darauf verteilen, sodass die Ränder frei bleiben.

Nach Belieben mit verschiedenen Beeren toppen und für 5–10 Minuten im heißen Ofen (Mitte) oder für 5 Minuten bei 200 °C in der Heißluftfritteuse backen, bis sie goldbraun sind.

VARIANTE Dieses Rezept geht natürlich auch in schokoladig. Dafür einfach etwas Kakaopulver in den Magerquark mischen und beispielsweise mit Banane und Kakao-Nibs belegen.

Nährwerte (pro Ball, ohne Schoko-Topping)

KALORIEN	KOHLENHYDRATE	FETT	PROTEIN
46	**1,5 g**	**2,5 g**	**4,5 g**

COOKIE DOUGH *Bites*

10 BÄLLE

35 g Pekannusskerne
40 g Vanille-Proteinpulver
20 g Erdnussbutterpulver
4 g Erythrit
30 g zuckerfreier Sirup
100 g ungesüßter Mandeldrink
50 g Zartbitterschokolade
15 g Puder-Erythrit

ZUBEREITUNG

20 g Pekannüsse in einem Mixer zu einer Art Mehl mahlen – Achtung: Nicht zu lang mahlen, sonst wird es eher ein Mus. Das Pekannussmehl zusammen mit dem Vanille-Protein-, dem Erdnussbutterpulver und dem Erythrit vermengen.

Anschließend Sirup und Mandeldrink zugeben. Die restlichen Pekannüsse hacken und ebenfalls zugeben und die Masse gut vermengen. Dann aus der Masse kleine Bälle formen.

Die Schokolade in einem Wasserbad oder in der Mikrowelle schmelzen und die Bälle in die flüssige Schokolade tauchen.

Anschließend im Kühlschrank für mindestens 30 Minuten aushärten lassen. Wenn die Schokolade fest ist, mit dem Puder-Erythrit bestäuben.

Nährwerte

KALORIEN	KOHLENHYDRATE	FETT	PROTEIN
241	39 g	4 g	21 g

PEANUT & JELLY *Rice Waffles*

1 PORTION

30 g TK-Himbeeren
10 g Erythrit
½ Pck. Agar Agar (ca. 10 g)
2 EL Erdnussbutterpulver
3 ungesalzene Reiswaffeln
gehackte Erdnüsse (nach Belieben)

ZUBEREITUNG

Die Himbeeren mit 2 EL Wasser aufkochen, Erythrit und Agar Agar zugeben und im Kühlschrank für etwa 30 Minuten abkühlen lassen, bis die Masse fest ist.

Das Erdnussbutterpulver nach Packungsanleitung in ausreichend Wasser auflösen und zubereiten.

Die Reiswaffeln mit der Erdnussbuttermischung und der Himbeergrütze bestreichen und nach Belieben mit den gehackten Erdnüssen bestreuen. Alles zusammen servieren und genießen.

VARIANTE Wenn du keine Erdnussbutter magst, kannst du auch Mandel oder Cashewnuss verwenden.

REZEPT-REGISTER

ÜBER DIE AUTORIN

Evelina begeistert schon seit 2017 ihre zahlreichen Follower*innen über Instagram, YouTube und TikTok mit vielen Tipps und Tricks rund um Sport und Ernährung. Sie zeigt viele Einblicke in ihr Leben und ihre Ernährung und teilt effektive, schnelle und unkomplizierte Work-outs. Viele ihrer Follower*innen möchten sich zusätzlich zu einem sportlichen Lebensstil gesund und ausgewogen ernähren, ohne auf Leckereien zu verzichten – Evelina bietet hierfür die perfekte Lösung mit ihren vegetarischen und gesunden Rezepten, die alle ohne viel Aufwand gekocht werden können und trotzdem unheimlich lecker schmecken. Gesunde Ernährung heißt eben nicht immer nur Salat, Hähnchen oder Reis. Gesunde und ausgewogene Ernährung kann bunt, vielfältig und vor allem lecker sein!

DANKSAGUNG

An dieser Stelle möchte ich mich bei meinem Team, meinem Mann, meiner Familie und meinen Freund*innen bedanken, die immer hinter mir stehen und sich immer für mich einsetzen.

Aber ganz besonders möchte ich auch meiner Community danken – jedem danken, der dieses Buch in der Hand hält. Ohne euch wäre ich nicht, wo ich bin, und ich hoffe, dass ich euch mit dem Buch und mit all meiner Macht weiter unterstützen kann, die beste Version eurer Selbst zu werden!

… NOCH MEHR BÜCHER!

Soulfood Zuckerfrei
ISBN 978-3-96093-871-2
€ 22,00 (D) / € 22,70 (A)

Koch's einfach – Vegetarisch
ISBN 978-3-7459-0251-8
€ 20,00 (D) / € 20,60 (A)

Zuckerfrei in 14 Tagen
ISBN 978-3-7459-0260-0
€ 15,00 (D) / € 15,50 (A)

Love at First Bite
ISBN 978-3-7459-0914-2
€ 22,00 (D) / € 22,70 (A)

Veggie Power!